きせつをかんじる！
12か月のぎょうじ

# 冬の室内あそび・外あそび

監修

田村 学

ほるぷ出版

# この本を読むみなさんへ

. . . . . . . . . . . . . . . . . . . . . . . .

　春に なると、サクラが さき、お花見が 行われます。夏は、海水よくや 花火大会が あります。秋になると 木々のはっぱが きれいに 色づき、もみじがり のきせつに なります。冬は、外で 雪だるまを 作ったり、家の中で かるたを したりします。

　わたしたちが くらす 日本には、ゆたかな「四季」が あり、しぜんが 大きく うつりかわっていきます。そうした へんかに 合わせて、日々のくらしが いとなまれ、たくさんのぎょうじが 行われてきました。

　この本では、みぢかな しぜんを つかった あそびや、ぎょうじに ちなんだ あそびを、しょうかいしています。ぜひ、気になったものから あそんでみてください。

## 大人のみなさんへ

. . . . . . . . . . . . . . . . . . . . . . . .

　この本は、季節の行事と季節に合わせた遊びを、たくさんしょうかいしています。写真やイラストを使って、わかりやすくあらわしています。この本を参考に、多くの子どもたちが遊びを楽しむすがたを期待しています。

　思いや願いの実現に向けて、思うぞんぶん身体を使って遊ぶことが、一人ひとりの子どもの未来をゆたかなものにしてくれるはずです。大人のみなさんも、そんな子どもといっしょになって遊び、毎日のくらしを色あざやかなものにしてほしいと願っています。

國學院大學教授 田村 学

# も く じ

## 冬の室内あそび・外あそび

# クリスマス

12月25日の、イエス・キリストの たんじょうを いわう、キリスト教の おまつり。キリスト教を しんじる人が 多い、アメリカや ヨーロッパをはじめとする 国ぐにで、まい年 せい大に おいわいされます。

## クリスマスのすごし方

キリスト教の教会では、れいはい（おいのり）が 行われます。家ていでは、クリスマスツリーを かざったり、クリスマスりょうりを 食べたり、プレゼントを おくりあったりします。

## サンタクロース

キリスト教の せい人 ニコラウスが モデルといわれる 人ぶつ。クリスマスイブ（クリスマスの 前の夜）に、せかい中の子どもたちへ、プレゼントを くばってまわると いいつたえられています。トナカイがひく そりに のっています。

## クリスマスツリー

クリスマスに、かざられる 木のこと。モミの木は、冬になっても はっぱが みどり色のまま、おちません。

## クリスマスりょうり

### 七めん鳥

アメリカでは、おいわいごとがあると、七めん鳥を 食べる しゅうかんが ありました。日本では、とり肉に アレンジしたものが よく 食べられます。

### クリスマスケーキ

クリスマスのおいわいに、食べる ケーキのこと。日本では、イチゴが のった スポンジケーキが 人気ですが、フランスでは「ブッシュ・ド・ノエル（クリスマスのまき）」という、まきの形に 見立てた ケーキが よく 食べられます。

## クリスマスリース

花や はっぱ、木のえだで 作られた わかざりのこと。クリスマスの やく1か月前から、げんかんなどに かざられます。

# サンタのオーナメント

おいても つるしても かわいい、サンタの かざり。画用紙だけで 作れるか
ら カンタン！

**1** 画用紙を 丸く 切る。上のぶぶんを おり、
切りこみを 入れる。

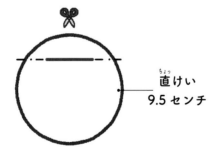

直けい
9.5 センチ

**2** うすだいだいの 色画用紙に、丸く 切っ
た オレンジ色のはなを はり、ペンで 目
を かく。**1** に はる。

のりではる

**3** 赤の 色画用紙を 図のように 切る。円す
いに 丸め、テープで とめる。ペンで 口
を かいた **2** を さしこむ。

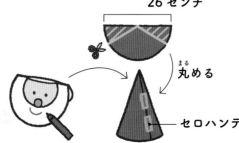

26 センチ

丸める

セロハンテープ

**4** たこ糸を テープで はる。ぼうしの 先と
ふくのボタンに 丸シールを はる。

ぼうしの 先を
はさむように、
丸シールで
はり合わせる

たこ糸を セロハ
ンテープで はる

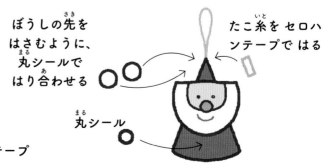

丸シール

# カラフルツリー

くるんと カールさせた 紙の かざりが ポイント。すきな もようを えらんで、はなやかに!

## よういするもの
- 工作用紙（みどり、20 センチ× 17 センチ）
- はさみ ● トイレットペーパーしん（半分）
- 色画用紙（茶、黄色） ● キラキラモール
- のり ● セロハンテープ ● 紙テープ
- もよう入りのおり紙 ● 丸シール（白）

**1** みどりの工作用紙を ツリー形に 切る。ペーパーしんに 茶色の 色画用紙を のりで はる。2かしょに 切りこみを 入れる。

色画用紙で 星を 作る

さしこむ

**2** ツリーに キラキラモールを ななめにおく。うらを テープで はる。

キラキラモール

セロハンテープ

**3** 紙テープと、同じ 大きさに 切った おり紙を カールさせて のりで はる。

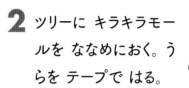

紙テープや もよう入りおり紙

丸シール

# ギザギザリース

クリスマス気分が もり上がります!

## よういするもの
- 色画用紙（みどり、赤） ● はさみ
- セロハンテープ ● ひも
- マスキングテープ
- キラキラテープ ● クレヨン（白）
- りぼん ● 丸シール（白、黄色）

**1** 色画用紙を ドーナツ形に 切る。ひもを うらに はる。

セロハンテープ

ひも

直けい 8.5 センチ　直けい 17 センチ

**2** 色画用紙を 半分に おり、切りこみを 入れる。ひらいたら、まん中に マスキングテープや キラキラテープを はる。これを 8まい 作る。

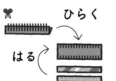

ひらく

はる

**ポイント** はっぱの 切りこみを 立たせて うごきを つけよう。

**3** 1に、2を はさんで テープで はる。丸く 切った 赤の 色画用紙に 白のクレヨンで もようを かいて はる。

丸シール

ひもに りぼんを むすぶ

クレヨン（白）

# 小えだのオーナメント

道や公園に おちている 小えだで、オーナメントを 作りましょう。毛糸は、色の ならびを そうぞうしながら、何色か まくと、カラフルに しあがります。

### よういするもの

- てのひらくらいの かわいた 小えだ 3本
- 毛糸（3〜4色） ● はさみ
- 木のみ
- 木工用せっちゃくざい

**1** 公園などに 出かけ、かわいた 小えだを 3本 あつめる。えだを 組み合わせて、図のような 形を 作る。

**2** 1の 小えだが かさなる ところを、毛糸で しっかり かたむすびする。

**ポイント** むすぶ ときは、小えだを お友だちに もって もらうと、じょうず に むすべるよ。

**3** 毛糸を えだに ぐるりと ひとまきして、となりのえだに うつり、また ひとまきする。これを くりかえして、けいとを えだに まく。えだが 毛糸で おおわれたら、まきおわりを えだに かたむすびする。

**ポイント** 色を かえるときは、まいていた 毛糸を はさみで 切って、新しい色と むすぼう。

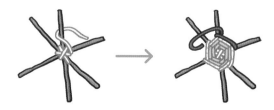

**4** かざるときに 上になる 木のぶぶんに、毛糸で わを 作る。すきな 木のみを、木工用せっちゃくざいで つけても いい。

**アドバイス**

毛糸を ひっぱりながら まくと、ピンとはった、きれいな もように なるよ。

# こおりのリース

すきなものを 入れて、こおらせて 作ります。日の当たる 場しょに つるすと、キラキラ ひかって、きれいです。

**よういするもの**
- まん中が 空いている、丸がた（エンゼルケーキがたなど）
- 木のみや はっぱ、花、ビーズなど、すきな かざり
- りぼんや 毛糸、ひも

**1** かたに、水と すきな かざりを 入れる。

**ポイント** かたは、プラスチックのものより、アルミや ステンレスのもののほうが、温度のひくい 場しょに おいたときに、こおりやすいよ。

**2** さむくなりそうな 場しょを さがして、1を ひとばん おく。

**ポイント** 日かげや かべの近くなど、おんどが ひくくなる 場しょに おくと、早く こおるよ。れいとうこに 入れて、こおらせても いいよ。

**3** 2が こおったら、そっと とり出す。まん中の わに、りぼんや 毛糸を 通す。つるして、かざる。

**アドバイス**
- こおりは、時間が たつと とけるので、ぬれても よい 場しょや、下に おぼんなどを おいて かざろう。
- まん中が 空いていない かたを つかった 場合は、おさらに のせて かざろう。

9

## しぜんの中で
# 冬をさがそう

公園や 校てい、道ばたには、冬を 知らせる 木や 花が 見られ、虫や 鳥が かくれています。お友だちや お家の 人と、さがしてみましょう。

見つけたよ！
### 木や花

見つけたよ！
### 生きもの

| 木や花 | 生きもの |
| --- | --- |
| ヒイラギ | ミノムシ（オオミノガ） |
| スイセン | アマガエル（冬みん中） |
| ツバキ | モンシロチョウ（サナギ） |
| ウメ | マガモ |
| フキノトウ | シジュウカラ |

# 大みそか

「みそか」とは、まい月の さいごの日のこと。「大みそか」とは、1年の さいごの日、12月31日を さします。家ぞくで あつまって、1年を ふりかえるなど、新しい 年を むかえる じゅんびを します。

## 大そうじ

大がかりに 行う、そうじのこと。年まつに、家の中や 外を 大そうじすることを、「すすはらい」と いいます。すすや ほこりを はらって、お正月を むかえる じゅんびを します。古くは、12月13日に 行いました。

## 年こしそば

大みそかの夜に 食べる、そばのこと。「（そばのように）すえ長く 生きられるように」など、えんぎものとして 食べられます。

## じょ夜のかね

「じょ夜」とは、大みそかのこと。お寺では、大みそかの夜に、かねを 108回 つきながら、1月1日を むかえます。108は、人間の ぼんのう（よくや なやみ、まよいの心）の 数と されています。

## 年ごもり

大みそかの夜に、じんじゃや お寺に こもって、新しい 年を むかえること。年こしは「年がみさま」という かみさまを むかえる、大切な 時間と 考えられていたため、ねむらずに すごす きまりがある 地いきも ありました。うっかり ねてしまうと、「白ががふえる」「しわが ふえる」という いいつたえも しんじられていました。

## なまはげ

秋田県男鹿市などで 行われる、大みそかの ぎょうじ。おにの おめんを かぶり、おたけびを あげる なまはげが、家を たずねます。なまけものを こらしめ、ふくを もたらす ぎょうじです。

ゴーン

# あみあみめんこ

色の くみ合わせや、形を くふうしましょう。 じょうぶだから、思いきり なげあって あそぶのが 楽しい!

**よういするもの**

- あつ紙
- はさみ
- おり紙
- セロハンテープ
- のり
- ちよ紙
- とうめいの
  はば広テープ

**1** あつ紙を、四角や 丸形に 切る。おり紙を たんざくに 切る。

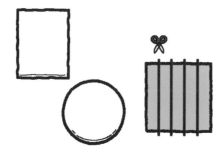

**2** あつ紙の形に 合わせて、おり紙を あむ。

セロハンテープで
おり紙を おさえる

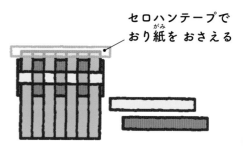

**3** あつ紙に のりを ぬり、あんだものを はる。はみ出した ぶぶんを 切りとる。

はる

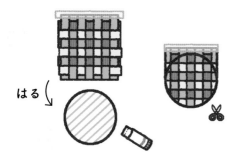

**4** 花や 星形に 切った ちよ紙を、のりで はる。じょうぶにするため、全体に はば広テープを はり、あまった ぶぶんを 切る。

とうめいの
はば広テープ

ちよ紙

はる

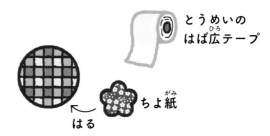

# 雪のガーランド

みぢかな ざいりょうで、かんたんに 作れる ガーランド。冬の夜空に キラキラ かがやきます。

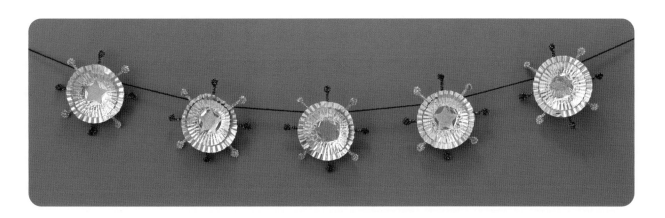

## よういするもの

- スチレンボード（あつさ5ミリ）　● はさみ
- キラキラモール　● アルミカップ（大・小）
- りょうめんテープ　● キラキラおり紙　● ひも　● りぼん

**1** スチレンボードを、はさみで 丸く 切る。はしを 図のように 丸くした モールを、さしこむ。

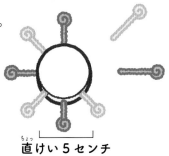

直けい5センチ

**2** 大小の アルミカップを 広げ、かさねて りょうめんテープで はる。星形に 切った キラキラおり紙を はる。

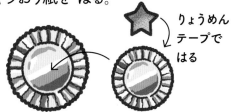

りょうめんテープではる

**3** 1の 上に、2を りょうめんテープで はる。うらに ひもを つけて かざる。

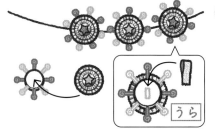

**ポイント** わにした りぼんを うらに はると、ひもが つけやすいよ。

うら

**かざってみよう**

かざりの ひとつずつに ひもを つけると、オーナメントに なるよ。

15

# 雪のまと当て

手作りのまとに、雪のボールを 当てて、点数を きそう ゲームです。めいちゅうしやすい 雪のボールは、どんな 大きさ、どんな かたさかな?

## よういするもの

● コピー用紙などの 紙(大きさ、まいすうは じゆう)
● ゆせいペンや クレヨン
● ダンボール紙(大きさは じゆう。しゃしんは、よこ 70 センチ×たて 80 センチ)
● セロハンテープや のり
● とうめいの ポリぶくろや ビニールぶくろ
● ガムテープ

### アドバイス

ダンボールが、小さすぎると、ボールを 当てるのが、むずかしくなるよ。

**1** 紙に、数字や 絵を、ペンや クレヨンでかく。ダンボール紙に、テープや のりで はる。

**2** 雪が 入らないように、**1** に ポリぶくろをかぶせ、ガムテープで とめる。ポリぶくろが 小さいときは、はりあわせて、ダンボール紙を おおう。

**3** まとを、かべや 太い 木などに たてかける。

**ポイント** 雪のボールを 当てたとき、たおれないように、まとは しっかりしたものに たてかけよう。

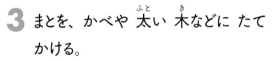

**4** 雪を かためて、ボールを 作り、**3** の まとに 当てる。それぞれのまとの 点を きめておき、当たった 点数を かぞえて きそう。そのまま雪がっせんを しても、楽しい。

**ちゅうい** 雪のボールを なげるときは、お友だちの 顔などに 当たらないように、まわりに 気をつけましょう。

# 雪のかべ作り

お友だちと きょうりょくしながら、雪のかべを 作りましょう。高く つんだら、ひみつきちが、できるかな?

**1** プリンカップや バケツなどに、手や スコップで、雪を ぎゅうぎゅうに つめる。ひょうめんを たいらにする。

**2** かべを 作る 場しょを きめる。1を さかさにして、かたまった 雪を 出す。

**3** 1と 2を くりかえして、かべを 作る。

**アドバイス**
日が たくさん 当たる 場しょに 作ると、すぐにとけてしまうので、日かげを えらぶと いいね。

# ウインドスティック

目に 見えない、風(ウインド)と いっしょに あそぶ スティックです。風を さがしに 出かけましょう。

**ちゅうい** あそぶときは、人に ぶつからないように、まわりに、じゅうぶん ちゅういしましょう。

**1** 公園や 校ていにおちている、木のえだを さがす。

**2** 紙テープを、1〜2メートルの 長さに、はさみで 切る。

**ポイント** 紙テープは、いろいろな 色や長さのものを つけると、風に なびいたときに、きれい!

**3** 2の紙テープを、1の 木のえだ先に、テープでとめる。風になびかせる。

# 冬を楽しもう

わたしたちは、まいにちの くらしの中で、きせつを かんじることが できます。とくに みぢかなのが 食べもの。やさいや くだもの、魚など、その 食ざいを いちばん おいしく 食べられる 時きを「しゅん」と いいます。しゅんの 食ざいを あじわいながら、冬を 楽しみましょう。

## やさい

### ダイコン

しゅんの ダイコンは、あまみが まし、みずみずしいのが とくちょうです。

### ハクサイ

### 長ネギ

長ネギは、東日本で 多く 食べられています。一年中 食べることが できますが、しゅんは 冬です。

### ホウレン草

魚（さかな）

ヒラメ

カキ

ヒラメの多くは、顔の左がわに 目が あります（おなかを 手前にしたとき）。

くだもの

レンコン

ミカン

ビタミンほうふな、冬を だいひょうする くだものです。ビニールハウスで さいばいされた みかんは、春や 夏に 食べることが できます。

# お正月

1年の さいしょの月、1月のこと。とくに、年のはじめを おいわいする ぎょうじが 行われる きかんのことを さします。1月1日を 元日、1日から 3日までを 三が日と いいます。新年を ぶじ むかえたことを、おいわいします。

## おせちりょうり

お正月に 食べる、おいわいの りょうり。さまざまな えんぎのよい たべものを、じゅうばこに つめます。

### 黒まめ

黒まめを あまく にたもの。「まめ（まじめ、けんこうでいること）」に 通じて、えんぎがよいと されます。

### かずのこ

ニシンのたまごを、かんそうさせたり、しおづけにしたもの。ニシンのたまごは 数が多いため、子宝に めぐまれるなど、えんぎがよいと されます。

### かまぼこ

魚のすりみなどを むしたり やいたりしたもの。赤と白は、おめでたいときに つかわれる 色の組み合わせです。

### エビ

エビは、こしのまがった ひげのある ろうじんを 思わせることから、長生きに 通じて、えんぎがよいと されます。

## お正月のおもち

お正月の おいわいに、おもちを かみさまに そなえます。大きな おもちに、小さな おもちを かさねたものを「かがみもち」といいます。また、お正月には、おもちを 入れた しるものである「おぞうに」が よく 食べられます。

## お正月あそび

### こままわし

長く 回ることを きそったり、回しながら あいての こまを はじき出したりして あそびます。

### ふくわらい

目かくしを して、「おたふく」の顔の りんかくの上に、あつ紙で できた 目や はな、口を おいて、顔を かんせいさせる あそび。

### はねつき

「はごいた」という 木のいたで、羽子（ムクロジのたねに 鳥の羽を さしこんだもの）を ついて あそびます。

# ビー玉の花こま

紙コップで 作る、花の形をした こま。じゅうに かざって、回ったときの
色を 楽しみましょう。

うら

**1** 紙コップに、図のように 切りこみを 入れ、
広げる。

**2** そこに 紙ねんどを うめこむ。ビーズや
三角に 切った 工作用紙で かざる。ペ
ンで もようを かく。

紙ねんど

ペン

工作用紙

**3** うらがえして、ビー玉を テープで こてい
する。

うら

セロハンテープ

**あそんでみよう**

紙ねんどのふちを もって 回
そう。友だちと どちらが 長
く 回るか きょうそうしても
楽しいね。ペンで かく もようを くふうすると、
回したときの 見え方が かわるよ。

# 合わせかがみもち

画用紙で できる、ふしぎな かがみもち。新年の ほうふを 書いてみましょう。

**1** 半分に おった 画用紙を、図のように 5 まい切る。

11 センチ
7 センチ

**2** 1で おったところ どうしを、テープで とめて、広げる。5 まいすべて つなげる。

セロハンテープ

**3** あつ紙に、赤の おり紙と、ひと回り 小さい サイズの 金の おり紙を はる。

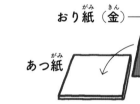

おり紙（金）
あつ紙
おり紙（赤）

**4** 牛にゅうパックの 口のぶぶんを 切り、立方体を作る。うす茶の おり紙をはり、上に 3 を りょうめんテープで はる。

丸シール（黒）

**5** 2 の上に、ボンテンと 色画用紙のはっぱを のせる。新年のほうふを おり紙に 書いて、台から たらす。

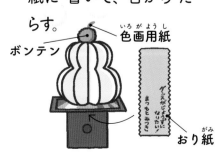

色画用紙
ボンテン
おり紙

**ポイント** もちの画用紙を テープで とめるときは、バランスよく 広げよう。

# たこちゃんとあそぼう

自分<sub>じぶん</sub>だけの、オリジナルのたこを 作<sub>つく</sub>りましょう。カラーポリぶくろや スズランテープは、すきな 色<sub>いろ</sub>を えらぼう！

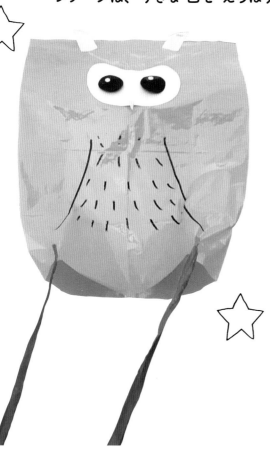

### よういするもの

- 画用紙<sub>がようし</sub>や 色画用紙<sub>いろがようし</sub>
- はさみ
- カラーポリぶくろ 1まい
- セロハンテープ
- ゆせいカラーペン
- スズランテープ

**1** ポリぶくろで、たこの土台<sub>どだい</sub>を 作<sub>つく</sub>る。画用紙<sub>がようし</sub>や 色画用紙<sub>いろがようし</sub>を はさみで 切<sub>き</sub>って、目<sub>め</sub>や 口<sub>くち</sub>などの パーツを 作<sub>つく</sub>る。ポリぶくろに、テープで はる。

**ポイント** ポリぶくろは、口<sub>くち</sub>のぶぶんを 下<sub>した</sub>にして つかおう。

**2** ペンで、じゆうに もようを かく。

**3** スズランテープを、はさみで すきな 長<sub>なが</sub>さに 切<sub>き</sub>る。ポリぶくろの 口<sub>くち</sub>の ぶぶんに、テープで しっかりと める。

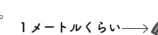
1メートルくらい

外<sub>そと</sub>に 出<sub>で</sub>て、たこを あげてみよう。スズランテープを しっかりもって、走<sub>はし</sub>ろう。

**ちゅうい**
たこを あげるときは、木<sub>き</sub>や 電<sub>でん</sub>せんなど、ひっかかるものが ない 場<sub>ば</sub>しょを えらびましょう。人<sub>ひと</sub>に ぶつからないように、ちゅういしましょう。

**アドバイス**
2本<sub>ほん</sub>の スズランテープのはしを まとめ、ラップのしんに まきつけると、もちやすいよ。まきおわりは、テープでとめよう。

# しぜんぶつでふくわらい

おちばや 石などを つかって、いろいろな 顔を 作ってみましょう。土台になる 顔は、どうぶつでも いいですね。

クリスマス

大みそか

**お正月**

せつぶん

## よういするもの

- おちばや 石、木のみなどの しぜんぶつ
- あつ紙
- ゆせいペン
- はさみ
- すきな色の画用紙
- 目かくし用の ハンカチや バンダナなど

**1** 公園などに 出かけ、おちばや 石、木のみ、草のたねなどを あつめる。

**ポイント** 足元を よく見て、いろいろな 形のものを あつめよう。

**2** あつ紙に、ペンで いろいろな 形の 目を かく。はさみで 切りぬく。

**3** すきな色の画用紙に、ペンで 顔のりんかくを かく。

**4** 3のまわりに、顔のパーツに なる、1と 2を ならべる。目かくしを して、顔のパーツを 手に とり、形を じっくり たしかめながら、顔の上に おく。

どんな顔が できたかな。
目かくしを はずして、
見てみよう!

# 冬のことば

冬に なると、「木がらし」や「はつ雪」などの ことばを よく 聞きますね。
ここでは、冬を かんじる ことばを 見ていきましょう。

## 木がらし

秋のおわりから、冬のはじめ
ごろに ふく、強く、つめたい
風。その年 さいしょに ふく
木がらしは、「木がらし１ごう」
と よびます。

## 冬じ

１年の中で、夜の時間が もっとも
長い日。年によって かわりますが、
12月22日ごろです。二十四せっ
きの ひとつ。

＊二十四せっきとは、太ようのうごきを もとに、１年を
24こに わけた こよみのこと。

冬じには、カボチャ
を 食べたり、ゆず
ゆに 入ったりする
よ。

## ふぶき

雪が、はげしい 風に ふかれて、
みだれながら ふること。つもっ
た 雪が、つよい 風で ふきあ
げられることを 「地ふぶき」と
いいます。

## しもばしら

土の中の 水分が 地ひょうに しみ出て こおった、ほそい つららの あつまり。さむい 冬の朝などに、よく 見られます。

## はつ雪

その年の 冬に、はじめて ふる 雪のこと。また、新年に、はじめて ふる 雪のことも さします。

## はつゆめ

新年に、はじめて 見る ゆめのこと。「一富士二鷹三茄子」の ゆめを 見ると、えんぎがよいと いわれています。

## かきぞめ

新年に、はじめて 文字や 絵を 書くこと。とくに、ふでで 書くことを いいます。むかしから、1月2日に 行われてきた ぎょうじです。

富士は「ぶじ」、鷹は「高い」、茄子は「（何かを）なしとげる」の「なす」という ことばに かけられているんだって。

# せつぶん

立春の 前の日（2月3日ごろ）の ことを いいます。古くは、立春から 新年が はじまると 考えられていたため、その前の日に、わるいことを おいはらう、まめまきなどが 行われるように なりました。

## まめまき

中国から つたわった「ついな（おにやらい）」という、わるい おにを おいはらう ぎょうじが ゆらい。「おには 外! ふくは 内!」と となえながら、まめを まきます。

### まめ

せつぶんに まく まめは、「ふくまめ」「年取りまめ」「おにうちまめ」とも よばれます。ダイズを いったものを まきます。

### おに

せつぶんの おには、びょうきを はやらせる、わるい おにと いわれています。

### まめまきのあと

1年のけんこうを いのりながら、自分の年の数（地いきによっては、自分の年にひとつ くわえた数）だけ、まめを 食べます。

## やいかがし
## （ヒイラギイワシ）

やいた イワシの頭と、ヒイラギのはっぱを竹ぐしに さして、げんかん先に さしておきます。イワシのにおいと、ヒイラギのとげをいやがる おにに むけた、やくよけです。

## えほうまき

せつぶんの日に、その年の えんぎのよい方角にむけて、太まきずしを 食べること。ねがいごとを しながら、ひとことも しゃべらず、食べます。

---

心の中に いる「おに」も はらおう!

「わすれものをする おに」「朝 おきられない おに」など、自分の中から おいはらいたいものを、おにと いっしょに せつぶんで やっつけよう。

# フワフワおにのおめん

フラワーペーパーで 作る、フワフワの前がみが ポイント。楽しい まめまきの はじまりです。

## よういするもの

- もよう入りの紙ざら
- はさみ
- 色画用紙
- わゴム
- ホチキス
- りょうめんテープ
- フラワーペーパー
- 画用紙
- マスキングテープ
- キラキラテープ

### フラワーペーパーの花の作り方

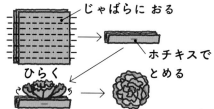

じゃばらに おる
ホチキスで とめる
ひらく

**1** 紙ざらを 図のように 切りとり、内がわに おる。

内がわに おる
切りとる

**2** 色画用紙を、細長く 切る。わゴムを はさんで おりまげ、ホチキスで とめたら、もうかたほうも 頭の 大きさに 合わせて、同じように とめる。

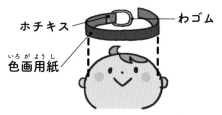

ホチキス
わゴム
色画用紙

**3** 1で おった ぶぶんに 2を りょうめんテープで はる。

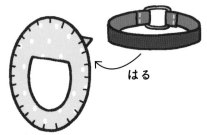

はる

**4** フラワーペーパーの花や、色画用紙の角、画用紙のきばを はる。いろいろなテープで じゆうに かざる。

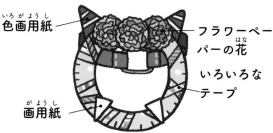

色画用紙
フラワーペーパーの花
いろいろなテープ
画用紙

# 切り絵まめ入れ

ごうかな 花の 切り絵が ポイント!

# ネットでえほうまき

工作で 楽しむ、えほうまき作り。今年の 方角は
どっちかな?

**1** 牛にゅうパックの 口の ぶぶんを 切る。色画用紙を りょうめんテープで はり、マスキングテープで かざる。

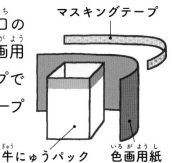
マスキングテープ
牛にゅうパック　色画用紙

**2** おり紙を 図のように おり、切って、ひらく。牛にゅうパックに じゆうに はる。

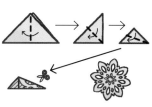

**3** 2かしょに あなを あけて、ひもを 通す。おにの 顔の 色画用紙に たいじしたい おにを かき、ひもに テープで はる。

ひも
キラキラテープ　色画用紙

**1** おり紙を 図のように それぞれ おって、三角に する。

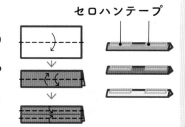
セロハンテープ

**2** 黒の 色画用紙、ネットかんしょうざい、1で 作った ぐの じゅんに かさねて、まく。りょうめんテープで とめる。

りょうめんテープ
色画用紙（黒）　ネットかんしょうざい
ぐ

しらべてみよう

今年は どの 方角を むいて、食べるのか、しらべてみよう。

# イワシのヒイラギかざり

おにが きらいな、チクチクとがった かざりを 作りましょう。おにが いちも
くさんに にげていくこと、まちがいなし！

## よういするもの

- 新聞紙（はがきくらいの 大きさ）
- 竹ぐし　● セロハンテープ
- アルミホイル
- 白い紙　● はさみ　● ゆせいペン
- 木工用せっちゃくざい
- ヒイラギのえだ　● ビニタイ

**1** 新聞紙を くしゃくしゃに
丸めて、イワシの頭の 土
台を 作る。首（エラ）の
方から、竹ぐしを さしこむ。
新聞紙を まとめるように、
テープで とめる。

**ポイント** 口を 少しだけ ひ
らくと、本ものらしくなるよ。
図かんでも、しらべてみよう。

**2** 1を アルミホイルで くる
む。イワシの頭 そっくりに
見えるように、形を ととの
える。

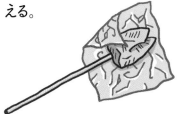

**3** 白い紙を はさみで 丸く
切り、ペンで 目を かく。
木工用せっちゃくざいで、
目のいちに はる。ペンで
エラを かく。

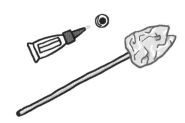

**4** 3を、ヒイラギのえだに
かさねて、ビニタイで む
すぶ。

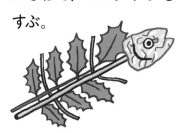

**アドバイス**

おにが 入ってきそうな げん
かんなどに、かざろう。

# 立春さがしゲーム

立春を むかえるころに なると、春のいぶきが めばえはじめます。どんなところに 春が かくれているか、さがしてみましょう!

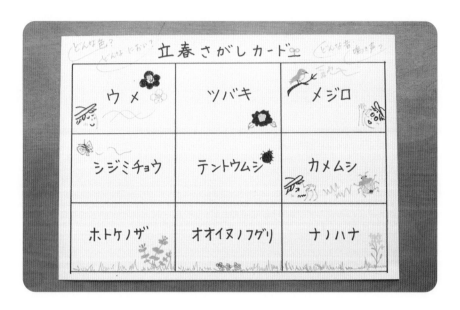

クリスマス

大みそか

お正月

せつぶん

### よういするもの
● じょうぎ
● あつ紙 1まい
● カラーペン
● 丸シール

**1** ゲームの 台紙を 作る。じょうぎを つかい、あつ紙に、9つの マス目をペンで かく。

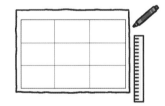

**2** 立春に 見られる しょくぶつ、虫、鳥や、そのほかの 生きものを、みんなで 考えたり、しらべたりする。マス目に、ペンで 文字や 絵を かく。

立春に 見られる 生きものは、色や におい、なき声などから、考えても いいね。

**3** 公園や 校ていに 出かけ、カードに 書かれているしょくぶつや 生きものを さがす。

**4** カードに 書いてある 生きものを 見つけたら、マス目に 丸シールを はる。

### アドバイス
立春に みられる 生きもののヒントだよ。
● しょくぶつ…ウメ、ツバキ、フクジュソウ、ナノハナなど
● 虫…テントウムシ、カメムシなど
● 鳥…ウグイス、メジロなど

# 道ぐのつかい方とちゅうい点

工作の道ぐを 正しく つかえると、室内あそびは、さらに 楽しく なります。あそぶときのちゅうい点も、しっかり みにつけましょう。

## はさみ

- きちんと すわって、切るところを 見ながら はさみのおくのほうで 切ります。

## のり

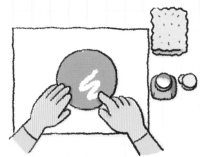

- 下に 紙を しきます。
- そばに ぬれた タオルを よういして、ゆびが よごれたら ふけるようにします。

## きり／せんまいどおし

- 下に ぬれた タオルや 台を しいて、動かないよう まっすぐに 立てます。
- 大人と いっしょに 行いましょう。

### ちゅうい

はさみを わたすときは、もち手のほうを わたします。

ざいりょうや どうぐは、ひつような 分だけ つかいます。

はさみの はが よごれたら、きれいに ふきとりましょう。

さいごまで 大切に つかい、あとかたづけを しましょう。

34

## いろいろな ぎほうを楽しもう

絵のぐや ペンで 色を ぬるだけで なく、いろいろな ぎほうを つかうと、
作ひんの はばが 広がります。

---

### デカルコマニー　よういするもの：紙、絵のぐ

紙を 半分に おり、かたほうに 絵のぐを 出します。紙を 合わせて、上から おさえ、すぐに ひらきます。

絵のぐ

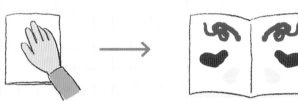

---

### にじみ絵　よういするもの：しょうじ紙、水せいペン、新聞紙、きりふき

新聞紙の上に しょうじ紙を おいて、ペンで すきなように かきます。きりふき（水で ぬらした ふで
でも よい）で ペンの上を なぞります。そのまま かわかします。

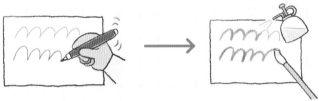

にじみのようすを 見な
がら、水は 少しずつ
かさねていくと いいよ。

---

### はじき絵　よういするもの：紙、クレヨン、絵のぐ、ふで

クレヨンで すきなように かきます。その上から 絵のぐを ぬります。絵のぐを はじいて、クレヨンの
絵が うかんできます。

クレヨンで かくときは、
絵のぐを はじくよう、
強めに かこう。

---

### タンポスタンプ　よういするもの：紙、はぎれ、わゴム、トレー、絵のぐ

はぎれを 丸めて、べつの はぎれで つつみます。わゴムで とめ、タンポを 水に つけます。しぼったら、
絵のぐを つけて、紙に おします。

# 外あそびのちゅうい点

「外あそび」は、とっても 楽しいけれど、きけんなことも あります。
あそぶときは、つぎのことに ちゅういして、しぜんと なかよしに なりましょう。

## トゲのある しょくぶつ、かぶれる 草花には さわらない

アザミや ノイバラなどには、とげが あります。
また、ツタウルシや ヌルデなどに さわると、
かゆみが 出ることも あります。

アザミ

ツタウルシ

## しょくぶつを 口に入れない

アジサイや ヨウシュヤマゴボウには どくが あ
るので、口に 入れては いけません。また、さ
わったら 手を あらいましょう。

アジサイ

ヨウシュヤマゴボウ

## 草花は やさしく つむ

ササのはなど、しょくぶつの 中には、手や ゆ
びを 切りやすいものも あります。しょくぶつを
よく 見て、やさしく つみましょう。ぐんてや、は
さみを つかっても いいですね。

## はっぱのうらに 虫が いないか かくにんする

はっぱのうらには、虫が 一休みしていたり、
たまごが ついていたりすることが あります。と
るまえに、そっと めくって、虫や たまごを 見つ
けたら、ほかのはっぱを つみましょう。

## つかう分だけ、いただく

草花は、つかう分だけ いただきます。いのち
が つながるように、ねっこごと とらないことも
大切です。

## 体を ひやさない

秋や 冬のさむい日でも、体を うごかしている
と、あせを かくことが あります。ふくを ぬいだ
り、きたり、ちょうせいして、体が ひえないよう
に 気をつけましょう。

## 「外あそび」に あう ふくそうを する

虫さされや かぶれ、
ケガから 体を まもりま
しょう。長そで、長ズ
ボンを きると、あんし
んです。ぼうしも かぶ
りましょう。

ぼうし

長そで

長ズボン

くつ下

うんどうぐつ

## しょくぶつに 「ありがとう」を 言う

草花で あそぶときは、さいしょに「ありがとう」
と 言って、かんしゃを つたえます。草花の気
もちを かんじてみましょう。

## 雪や こおりに 気をつける

雪や こおりの上は、すべりやすくなっています。
ころばないように、気をつけましょう。大人と
いっしょに、きけんが ないか、あそぶ前に か
くにんしましょう。

## あぶない 場しょに 子どもだけで 行かない

川や がけ、みずうみなどには、大人と いっしょ
に 行きましょう。

## あそんだ 場しょは かたづける

あそんだあとは、かたづけて、もとの じょう
たいに もどしましょう。ゴミは、もちかえりま
す。場しょの ルールは、まもること。しょくぶ
つを とっては いけないところも あります。

# 12か月のきせつとぎょうじ

## 春　3〜5月

### ひなまつり
**3月3日**
女の子の すこやかな せいちょうを ねがう おいわい。

### お花見
**3月のおわり〜4月の中ごろ**
野山で サクラを 見ながら、食べたり のんだりする ぎょうじ。

### こどもの日
**5月5日**
子どもの すこやかな せいちょうを ねがう おいわい。

### 母の日
**5月だい2日曜日**
お母さんに かんしゃの 気もちを つたえる日。

---

### 知っておきたい！

#### 新れき（グレゴリオれき）
いま、わたしたちが つかっている こよみ。地きゅうが 太ようのまわりを 1しゅうする時間（365日）を 1年とします。4年に 一ど「うるう日」（2月29日）が 入ります。日本では 1873年に、きゅうれきから 新れきに かえました。

## 夏　6〜8月

### つゆ
**6〜7月ごろ**
雨や くもりの日が 多くなる 時きのこと。

### 父の日
**6月だい3日曜日**
お父さんに かんしゃの 気もちを つたえる日。
*このシリーズでは、春の ぎょうじである「母の日」と いっしょに しょうかい します。

### 海びらき
**7月のはじめごろ**
海水よくじょうの はじまる日。日にちは、ちいきや その年によって、ちがいます。

### 七夕
**7月7日**
おりひめと ひこぼしが 天の川を わたって 会う、星まつりの日。

### おぼん
**8月13〜16日ごろ**
ご先ぞさまを わが家に むかえ、かんしゃする ぎょうじ。

このシリーズでは、春・夏・秋・冬の おもな ぎょうじと あそびを しょうかい します。

ひなまつりや 七夕、せつぶんなどは、「でんとうぎょうじ」って、よぶよ。

## 秋 9〜11月

### お月見
**9月15日ごろ**
月見だんごや すすきを そなえて、まん月を 楽しむ ぎょうじ。

### けいろうの日
**9月だい3月曜日**
社会や 家で 長く はたらいてきた お年よりに、かんしゃの気もちを つたえる日。

### もみじがり
**10月の中ごろ〜11月のおわりごろ**
赤や 黄に そまった こうようを 見て、楽しむ ぎょうじ。

### ハロウィン
**10月31日**
カボチャの ちょうちんを ともしたり、かそうした 子どもたちに おかしを わたしたりする日。

## 冬 12〜2月

### クリスマス
**12月25日**
イエス・キリストの たんじょうを いわう日。

### 大みそか
**12月31日**
1年の おわりの日。年こしそばを 食べたり、じょやのかねを 聞いたりします。

### お正月
**1月1日**
新年の かみさまである 「年がみさま」を おむかえし、もてなす ぎょうじ。

### せつぶん
**2月3日ごろ**
まめを まいたり、ヒイラギを かざったりして、えきびょうや さいがいを おいはらう ぎょうじ。

---

## 知っておきたい！  きゅうれき（太いん太ようれき）

新れきより 前に つかわれていた こよみ。月と 太ようを もとにしているため 「太いん太ようれき」と いいます。月の みちかけの しゅうき（29.53日）を もとに、29日 ある 小の月と、30日 ある 大の月を ならべて 12か月とし、何年かに 一ど 「うるう月」を 入れて、1年を 13か月と しました。

総監修 **田村 学** (たむら・まなぶ)

國學院大學人間開発学部初等教育学科教授。文部科学省初等中
等教育局教育課程課教科調査官・国立教育政策研究所教育課程
研究センター研究開発部教育課程調査官、文部科学省初等中等
教育局視学官として、学習指導要領作成に携わる。著書に『学
習評価』（東洋館出版）、『「生活・総合」の新しい授業づくり 探
究的な学びを実現する』（小学館）など多数。

「室内あそび」協力
鈴木美佐緒（宮城教育大学講師）

「室内あそび」プラン考案
マーブルプランニング（つかさみほ、みさきゆい、くるみ
れな）／町田里美

「外あそび」監修、プラン考案
高橋京子（たかはし・きょうこ）
自然保育コーディネーター、ウレシパモシリ - 保育と自然
をつなぐ研究会 - 主宰。欧州の保育現場の視察や多数の保
育園・幼稚園における自然あそびの実践を通して得られた
知見をもとに、自然を保育教育資源として生かしたあそび
を提唱。著書に『決定版！ 12 か月の自然あそび 87』（新
星出版社）などがある。ウレシパモシリはアイヌ語で「互
いに育ち合う大地」の意味。
ウレシパモシリ HP http://ureshipa.jp

「外あそび」プラン考案
渡邊真弓、佐藤由香里（ウレシパモシリ自然あそびコーディ
ネーター）

「外あそび」写真提供、協力
高橋博行
おがやの里しもだ保育園（こおりのリース　写真提供／小
えだのオーナメント、雪のまと当て、イワシのヒイラギか
ざり　ともに協力）

主な参考文献（五十音順）
決定版！ 12 か月の自然あそび 87（新星出版社）／心をそだてる子ど
も歳時記 12 か月（講談社）／子どもに伝えたい 春夏秋冬 和の行事を
楽しむ絵本（永岡書店）／「和」の行事えほん〈2〉秋と冬の巻（あす
なろ書房）／「和」の行事えほん〈1〉春と夏の巻（あすなろ書房）

きせつをかんじる！ 12 か月（げつ）のぎょうじ

# 冬（ふゆ）の室内（しつない）あそび・外（そと）あそび

2024 年 3 月 5 日 第 1 刷発行

監 修 田村 学
発行者 中村宏平
発行所 〒 102-0073
　　　東京都千代田区九段北 1-15-15
　　　電話 03-6261-6691 FAX 03-6261-6692
印 刷 共同印刷株式会社
製 本 株式会社ハッコー製本

装丁・本文デザイン　　別府 拓、奥平菜月（Q.design）
DTP　　　　　　　　G.B.Design House
撮影　　　　　　　　林 均
写真協力　　　　　　PIXTA
イラスト　　　　　　中小路ムツヨ／わたいしおり／わたいあかり／角しんさく
校正　　　　　　　　夢の本棚社
編集協力　　　　　　株式会社スリーシーズン（花澤靖子、小暮香奈子）

ISBN978-4-593-10418-5 ／ NDC386 ／ 40p ／ 270 × 210mm
Printed in Japan

乱丁・落丁がありましたら、小社営業部宛にご連絡ください。
送料小社負担にてお取り替えいたします。